ISBN 978-2-244-41756-1

www.editionslito.com

Lito 41, rue de Verdun
94500 Champigny-sur-Marne.
Imprimé en France. Loi n° 49-956 du 16 juillet 1949
sur les publications destinées à la jeunesse.
Dépôt légal : septembre 2008

HISTOIRES DE DRAGONS

ET AUTRES CRÉATURES FANTASTIQUES

Éditions Lito

ZÉMANEL
VÉRONIQUE JOFFRE

L'ÎLE AUX CINQ BRAS

Eliomar se souvient encore du jour où le brouillard a dévoré la barque de son père, Tomrac le chasseur. Il ne reste de lui qu'un collier d'ivoire, avec un aigle sculpté dessus.
L'année suivante, c'était à son frère aîné de partir. L'eau glacée de la mer semblait ricaner quand il s'est mis à ramer.
Deux ans plus tard, le cadet de la famille prenait le même chemin. Les rayons du soleil lui avaient déroulé un tapis de feu menant vers l'horizon.
Tous les trois étaient partis à la recherche des rubis de l'Île aux cinq bras. Aucun n'était revenu à la maison.

Aujourd'hui, Éliomar a quatorze ans.
Ses yeux sans peur interrogent l'horizon : il veut savoir ce que sont devenus son père et ses deux frères.
Sa mère pleure car elle sait qu'il va partir à son tour.
Elle se souvient du temps où Tomrac le chasseur allait dans la forêt avec leurs trois fils. Elle se souvient du gibier, des champignons, des soirées au coin du feu et des rires de chacun. Elle se souvient du jour où Tomrac et ses fils ont trouvé un rubis sur la plage, déposé par les vagues. C'est ce rubis qui les a poussé à partir de leur petite maison tordue et secouée par les vents.

Elle pleure tandis qu'Éliomar s'éloigne dans sa barque de fortune.
Au loin, une île couronnée de cinq montagnes rocheuses se dresse vers le ciel. C'est l'Île aux cinq bras.
Certains l'appellent l'Île maudite, car les vagues n'ont rejeté sur la plage que les corps sans vie ou les barques brisées et vides de ceux qui étaient allés l'explorer.
Seul un elfe voyageur était revenu vivant. Les blessures le recouvraient des pieds à la tête, et son visage défiguré avait vieilli de cent ans.

Il a raconté, en bégayant de peur, comment un sorcier monté sur un dragon l'avait foudroyé. Ses mains commandaient aux nuages et aux vents.

Éliomar est le premier depuis un an à s'aventurer sur l'eau glacée. Tandis qu'il rame de toutes ses forces, un brouillard épais tombe sur lui. C'est à peine s'il aperçoit la proue de sa barque. Soudain, un grognement terrible qui vient du plus profond de l'eau lui remplit les oreilles et la tête. Il cesse de ramer pour empoigner sa lance, mais son bateau continue d'avancer ; plus vite, toujours plus vite ! Quelque chose semble l'entraîner vers le royaume de l'invisible.

C'est une énorme gueule de dragon ! Le monstre file à toute allure, fendant les vagues et le brouillard comme une lame de couteau.
La bête se dresse au-dessus des flots. Ses anneaux couverts d'écailles sont si nombreux qu'ils donnent l'impression de se dérouler sans fin. D'un seul coup de mâchoire, la bête brise la barque. Le garçon se retrouve dans l'eau, ses yeux sans peur face aux yeux du dragon. Mais curieusement, la tête hérissée d'écailles, de cornes et de dents s'enfonce sous l'eau et le monstre disparaît.

Le ciel se charge alors de nuages, et les vagues s'emparent d'Éliomar pour le lancer de creux en creux, comme s'il était aussi léger qu'une poussière.
Sa main gauche agrippe une planche brisée tandis que sa main droite serre fermement son arc, ses flèches et sa lance. Éliomar s'accroche ainsi à la vie pendant des heures.
Les vagues finissent par le déposer sur l'île, épuisé et vaincu. La plage est recouverte de cendres, de bois calciné, de restes d'armures et d'ossements humains.

À peine est-il debout que la terre se met à trembler. Un nuage de cendre s'avance vers lui dans un vacarme assourdissant.
C'est un autre dragon, ailé celui-là, plus terrifiant encore que le premier !
Éliomar bande son arc et tire. Mais ses flèches se brisent contre les écailles du dragon. Le monstre crache des flammes qui embrasent la terre tout autour d'Éliomar. Il se retrouve encerclé par le feu, ses yeux sans peur face aux yeux du dragon.

La bête approche la gueule, comme pour sentir son futur repas. Mais, au lieu de dévorer le garçon, la créature déploie ses ailes gigantesques et s'envole dans les airs.

« C'est étrange, se dit Éliomar, j'aurais dû mourir deux fois déjà. Pourquoi m'ont-ils épargné ? Qu'y a-t-il qui les fait fuir ? »
Devant lui se dressent les cinq montagnes rocheuses. Le garçon reprend sa lance, son arc et ses flèches et poursuit son chemin.
Il se souvient des paroles de l'elfe rescapé au visage de cent ans.
« J'ai bien rencontré les dragons, pense-t-il, je trouverai bien le sorcier ! Peut-être saura-t-il répondre à mes questions ? »
Éliomar entreprend alors d'explorer chaque montagne. Mais la terre et les roches tremblent sur son passage ; des crevasses se forment à chacun de ses pas, des troncs et des pierres pleuvent sur son chemin pour lui faire obstacle.
Dans le ciel, les nuages forment un œil inquiétant qui semble épier chacun de ses gestes.
Enfin, la pluie, le vent, la grêle et la neige s'abattent sur lui en rafales. Mais il continue d'avancer.
Du sommet de la plus haute des cinq montagnes, il aperçoit une lumière au milieu de l'île, comme une étincelle au creux d'une main. Il s'y rend sans attendre. Bientôt l'étincelle devient braise, flamme puis boule de feu.

Lorsqu'il arrive au centre de l'île, un énorme gouffre s'ouvre à ses pieds comme une bouche l'invitant vers le ventre de la terre.

Il descend. Dans la grotte apparaît alors un homme sans yeux, assis sur un trône d'or et de rubis. « Sans doute le sorcier », pense Éliomar. Dans sa main droite, l'homme tient une rose de diamant, dans la gauche, une simple rose rouge. Tout autour, des trolls, munis de pioches et de cordes, tirent de lourdes charrettes.

Le sol est recouvert de bijoux et de pierres précieuses.

« Approche ! dit le sorcier. Ni la mer ni les montagnes n'ont voulu de ta vie, tu as trouvé le trésor de l'Île aux cinq bras. Maintenant, tu dois choisir. La rose de diamant te donnera toutes les richesses qui sont là, mais tu devras rester ici pour toujours. La rose rouge te ramènera chez toi, mais tu ne pourras rien emporter avec toi.

– Je ne veux pas rester, dit Éliomar. Mais repartir comme cela ne m'intéresse pas non plus

– Que veux-tu alors ?

– Je veux savoir !

– Savoir quoi ?

– Savoir où sont mes deux frères.

– L'un nage au fond de l'eau, l'autre vole dans les airs. Eux, ils ont choisi de rester.

– Et mon père ? Où est-il ?

– Ton père est mort.

– C'est toi qui l'as tué ? »

Le sorcier ne répond pas.

Éliomar s'approche alors lentement de l'homme sans yeux, les poings chargés de colère.

Il lève sa lance pour la planter dans le cœur du sorcier… qui disparaît aussitôt. Pendant qu'il le cherche du regard, Éliomar sent qu'une main puissante le saisit au cou et l'arrache du sol. Le sorcier le tient fermement, le retourne, le colle contre lui tandis que son autre bras se lève comme pour le foudroyer. Mais, curieusement, il arrête son geste. Sa main qui commande les éclairs redescend, se pose sur le visage d'Éliomar et glisse lentement jusqu'au collier d'ivoire qu'il porte à son cou.

À ce moment-là, le sorcier se fige et son corps se change en pierre. Au bout de quelques instants, il s'effrite tel un château de sable à la marée montante. Un grondement sourd se fait entendre, plus bruyant que le tonnerre. Tout devient sombre comme dans la nuit noire et soudain, le silence. Puis à nouveau, la lumière.

Alors, devant lui, Éliomar voit se dresser Tomrac le chasseur.

« Mon fils, tu m'as libéré d'une bien étrange malédiction. Je suis venu ici avec l'espoir de faire fortune. Je l'ai voulu tellement fort que j'en ai oublié ma vraie richesse : ma famille.

Tes frères ont désiré la même chose, et ils ont payé le même prix. Ils sont devenus les dragons que tu as rencontrés en chemin. Ils auraient pu te tuer, mais leurs yeux ont su reconnaître tes yeux.

Mes mains, elles, ont su reconnaître ton collier. Partons, maintenant que tu nous as rendu la mémoire ! »

Éliomar, son père et ses deux frères, qui avaient retrouvé l'apparence humaine, ont quitté l'Île aux cinq bras.

De retour dans leur petite maison un peu tordue et secouée par les vents, tous ont pleuré de joie.
Les parties de chasse ont repris. Le soir, au coin du feu, ils se souviennent des dragons, des bijoux, du magicien qui commande le temps. Ils se souviennent… sans regret.
La malédiction de l'Île aux cinq bras les a réunis pour toujours, comme les cinq doigts de la main.
Quant au trésor, il doit toujours s'y trouver… Comme Éliomar et les siens n'ont rien dit, les gens croient encore que l'île est maudite.

Olivier Lhote
Marie Desbons

Le Korrigan à la rose

Tyrec'h traînait ses pieds dans le sable de la forêt de Kelkinnec, mais ses minuscules jambes de korrigan ne le trahissaient pas. Le garçon puisait sa force dans la promesse faite au vieux mage, la veille. Ni la fatigue ni la douleur ne l'arrêteraient. Dans un jour ou deux, il allait affronter Gallak. Et s'il renonçait à son serment, les démons de la forêt l'emporteraient. Il ne lui restait donc qu'à avancer, coûte que coûte.

Alors que ses bottines soulevaient la poussière, que son épée de bois décapitait les fougères, le jeune Tyrec'h revivait les événements qui l'avaient jeté sur la route…

Tyrec'h avait frappé à la porte pour la troisième fois et personne n'avait répondu. Il s'était risqué à soulever le pêne et avait passé la tête par l'ouverture. Dans l'éclairage d'une bougie en fin de vie, il distinguait Ouzebeh, immobile, le regard perdu vers un autre monde. En silence, le jeune korrigan avait pénétré la sombre pièce et s'était assis face au mage fatigué. Le halo faiblissant du cierge soulignait les traits tirés du vieillard.

Ses yeux brillaient d'une maigre lueur, comme la dernière braise d'un feu. Tyrec'h patientait, muet. Ouzebeh avait enfin desserré ses lèvres sèches. Sa moustache s'était redressée lentement et il avait murmuré au garçon :

« Gallak, le vent du nord, s'est levé. »

La phrase avait résonné aux oreilles de l'enfant comme une sentence. Et pourtant, il n'en avait pas compris le sens. Le vent du nord veut se lever ? Qu'il se lève, avait-t-il pensé. Il avait tout d'abord haussé les épaules et plissé son front bas en guise d'interrogation.

Ouzebeh avait repris alors :
« Il vient me chercher.
– Je ne comprends rien, Ouzebeh. De quoi me parles-tu ?
– Je t'ai demandé de passer pour te dire au revoir.
– Mais tu pars où ?
– La vie est comme un livre, Tyrec'h. Quand tu l'as lu, tu refermes la couverture. C'est ce que vient faire Gallak.
– Mais il n'y a même pas une brise dehors. Comment le sais-tu ?
– Le chêne sacré a perdu son gui cette nuit. C'est le signe !
– Mais c'est dégoûtant ! Je ne veux pas que tu meures, moi, sanglota Tyrec'h.
– Ne pleure pas. Chaque chose a son contraire. La vie aussi…
– Je m'en fous. Je ne laisserai pas faire ce vent du mort !
– Du nord. Gallak est le vent du nord. Tu ne peux rien contre le cours des choses et encore moins contre le plus puissant des éléments. Il est le vent qui donne la vie aux mages. Il est le vent qui la reprend. »

Tyrec'h avait frappé la table de son poing révolté et mille vermines étaient tombées à terre.
« Tu vois, tout est vieux ici, à commencer par moi. Je ne peux même pas marcher sans canne. Allons, domine ta colère. Je veux te montrer certaines choses importantes. »
Mais le jeune Tyrec'h, droit dans ses bottes de fourrure, avait cédé à la rage :
« Dis-moi où rencontrer Gallak !
– C'est lui qui te trouvera. Il sera là dans deux ou trois jours et tu ferais bien de ne pas être sur son chemin.
– Parfait, je l'attendrai au sentier des loups, celui qui mène au nord justement. Il ne t'emportera pas, je t'en fais la promesse. »
Et le naïf petit guerrier avait pivoté sur ses talons.
« Reviens, Tyrec'h. Tu es un jeune fou… »

Mais la voix tremblante du vieillard ne réussit pas à retenir l'enfant. La porte avait claqué et le magicien à bout de forces s'était effondré sur le plancher vermoulu, sa longue barbe balayant la poussière.

Comment vais-je m'armer face au vent des grands froids ? Le courageux korrigan s'était posé la question vingt fois. Il s'était saisi de son bouclier de cuir et l'avait reposé. Son épée de bois avait sifflé dans l'air, de haut en bas et de droite à gauche. Son glaive serait-il à la hauteur ? Parviendrait-il à stopper les bourrasques glacées de Gallak ? Tyrec'h était fin prêt. Il avait vérifié une dernière fois son paquetage. La peau de chèvre cousue qui lui servait de sacoche renfermait une corde et un couteau. Il rajouta deux silex pour allumer un feu et une laine de brebis pour s'envelopper. Lorsqu'il quitta sa hutte, Tyrec'h sentit la peur serrer sa gorge. Son cœur battait comme des tambours qui mènent à la guerre. Il regarda son visage dans une flaque d'eau et y vit un korrigan d'une dizaine d'années, aux joues vertes de trouille et aux oreilles rabattues par l'angoisse.
« Ce n'est pas moi, explosa-t-il, en brouillant de son pied l'eau de la mare. Je ne suis pas ce petit froussard que la flotte me renvoie. Non ! Je suis Tyrec'h le korrigan, fils de Kerdoc'h. Je ne suis pas un trouillard et je tiendrai la promesse faite à Ouzebeh. Que les démons de la forêt m'emportent si je ne tiens pas mon serment ! »
Ainsi le petit être avait-il débuté sa longue marche, frappant du talon la terre sablonneuse des sous-bois. Mais il regrettait déjà la phrase qu'il venait de prononcer. Car, en forêt de Kelkinnec, les mots en l'air n'existent pas. Ce qui est dit vaut pour argent comptant. Voilà pourquoi le destin du jeune korrigan se dessinait sous le signe du combat. En avançant, il défiait Gallak, en reculant, il se livrait aux démons.

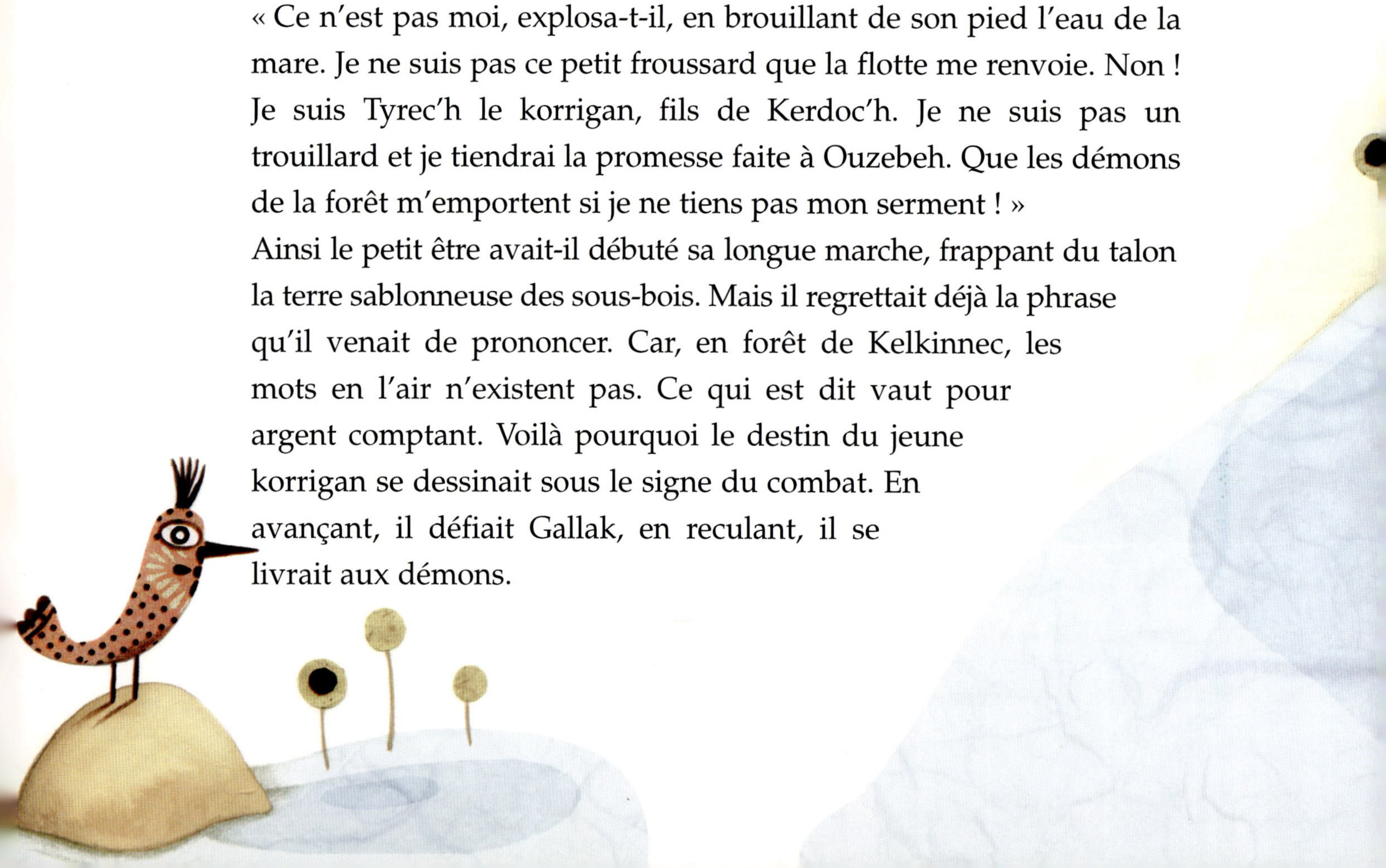

Au cœur de la forêt de Kelkinnec, Tyrec'h découvrit une clairière embrumée. Cette trouée incroyable se resserrait ensuite sur un chemin où personne n'osait s'aventurer : le sentier aux loups.
C'est là qu'il comptait livrer bataille contre les tornades du Grand Nord. Il traversa la nappe brumeuse qui lui cachait les genoux et s'enfonça sur dix mètres dans le chemin. Dans les buissons, de part et d'autre, scintillaient des guirlandes d'étoiles.
« Ne comptez pas sur moi pour vous rejoindre, pesta Tyrec'h, en donnant des coups d'épée dans les haies. Allez-vous-en, démons, avant que je ne vous crève les yeux ! »
Le glaive de bois frappa les feuilles, qui, curieusement, se brisèrent comme du verre. Tyrec'h recula d'un pas. Sous ses pieds, l'herbe devenait cassante. Il lui semblait marcher sur de la porcelaine.
« Gallak… Gallak…, répéta l'enfant korrigan. Tu es proche à présent. Mais je t'attends. »
Un vent léger, qui annonçait Gallak, soufflait maintenant sur la forêt. Les feuilles de cristal s'entrechoquaient et sonnaient comme des milliers de clochettes. Le blizzard menaçait. Tyrec'h, l'épée en main, se campa au milieu du sentier et regarda en tous sens.
« Tu n'as aucune chance.
– Qui me parle ? questionna le minuscule combattant.
– Tu es perdu… sans moi ! »

Au loin, le ciel virait au bleu acier puis au blanc. Une couverture de froid enveloppait lentement la région. Resserrés sur la dague, les doigts du guerrier devenaient transparents. Les poils de son nez se raidissaient et le sang n'arrosait déjà plus la pointe de ses oreilles. La peur grimpait le long de ses jambes tremblantes. Elle envahissait le corps du soldat à mesure que les démons se faisaient entendre dans les sous-bois. La voix se manifesta à nouveau :

« Vas-tu me regarder ?

– Montre-toi ou tais-toi !

– Je suis à tes pieds, mais tu m'ignores.

– Je ne vois qu'une rose.

– C'est moi, idiot.

– Les roses ne poussent pas sur les chemins. Tu es envoyée par les démons !

– Au contraire, je suis l'amour. Jette ton sabre ridicule et cueille-moi.

– Si je te déracine, tu meurs ?

– Oui, mais ton mage vivra. Si toutefois tu te bats. »

Les lèvres de Tyrec'h gelaient de seconde en seconde. Il se baissa et sortit de terre la rose, symbole d'amour. Il empoigna la fleur et brandit la tige épineuse comme une épée redoutable. Les armées de Gallak sifflaient au loin. Les hauts sapins, devenus glace, se brisaient sur son passage. Les oiseaux tombaient du ciel comme la grêle. Le grand vent approchait.

D'un coup, la bataille éclata. Le géant ouvrit un manteau de métal et de glace et le referma sur le monde. Tyrec'h, surpris, ferma les yeux et dressa son arme fragile. Lorsqu'il les rouvrit, la contrée n'était plus qu'un immense glaçon. La tige de la rose, elle, s'était changée en une lame invincible, bordée d'épines à toute épreuve. Les pointes tranchantes venaient de fendre la vague de froid. Un souffle terrible, qui ressemblait à un cri de bête, emporta les arbres sur son passage. Mais là encore, la tige résista. Le petit guerrier plongea dans la tempête et virevolta, fleur en main. Les piquants acérés déchiraient le vent et pourfendaient les grêlons.
« Repars chez toi ! hurlait le korrigan. Laisse mon ami en paix. »
Gallak, incapable de lutter contre l'amour qui réchauffe les cœurs,

dut battre en retraite. Il poussa un râle d'animal blessé et disparut derrière les collines.

Ainsi que Tyrec'h l'avait prédit, la rose allait mourir. À l'issue du violent combat, la corolle tomba sur le sol.

« Disperse mes pétales », murmura la fleur dans un dernier souffle.

Le jeune korrigan sema à la brise les bouts de velours rouge qui réchauffèrent instantanément la forêt et lui redonnèrent vie.

À quelques lieues, dans une cabane de bois miteux, un vieillard se redressait, essuyait sa barbe et s'étonnait de marcher sans canne.

Marc Séassau
Princesse Camcam

Le miroir du dragon

« Alors ? demanda le roi.
– Le médecin ne sait pas », répondit la reine.
La nuit tombait sur le château. Un froid glacial avait envahi la grande salle du trône.
Le roi baissa la tête et murmura :
« Nous avons consulté tous les savants du royaume. Ils ignorent de quoi souffre notre fille.
– Et maintenant ? » soupira la reine.
À cet instant, un jeune nain se présenta devant le soldat de garde. Haut de plus d'un mètre, ce qui est très grand pour un nain, il portait une cape poussiéreuse. Ses yeux étaient dissimulés par une capuche.
« Halte ! cria le soldat en empoignant son épée.
– Tout doux, répondit l'inconnu d'une voix chantante. On m'a dit que la princesse était malade. »
Le visage du garde s'éclaira :
« Vous êtes médecin ?
– Presque, rétorqua le nain. Et j'ai bon espoir de sauver Eowil.
– Suis-moi. »

« Qui es-tu ? demanda le roi.
– Mon nom est Dywn. Je viens du pays des nains, au-delà des mers et des déserts.
– Que veux-tu ? »
Terrassé par le chagrin, le roi Talaad ressemblait à un vieillard. Des rides creusaient son visage. Ses cheveux, devenus blancs en une nuit, étaient cassants comme des brins de paille.
« Un voyageur m'a parlé de votre fille. Sa maladie n'est pas naturelle.
– Tu veux dire…

– La magie est puissante.
– Il n'y a jamais eu de magicien dans mon royaume !
– Comment le savez-vous ? Les magiciens aiment l'ombre et le secret.
– Mais…
– Laissez-moi examiner Eowil. »

La princesse était allongée dans son lit. Très pâle, elle accueillit les visiteurs d'un battement de paupières.
« Le mal s'est brusquement abattu sur ma fille, commença le roi. Elle disparaît peu à peu, comme si elle s'effaçait. Depuis quelques jours, son reflet n'apparaît plus dans les miroirs. »
Dywn se pencha sur la malade pour l'observer de plus près. Son examen dura quelques secondes.
« J'avais raison, murmura-t-il. La médecine ne peut rien pour elle… »
Il fut interrompu par une voix de femme. La reine venait d'entrer dans la chambre.
« Et vous ? demanda-t-elle d'un ton angoissé. Serez-vous capable de la soigner ?
– Peut-être… »
Une lueur d'espoir traversa les yeux de la mère.
« Guérissez-la, nous vous récompenserons largement !
– Je donnerai ma vie pour y parvenir. »

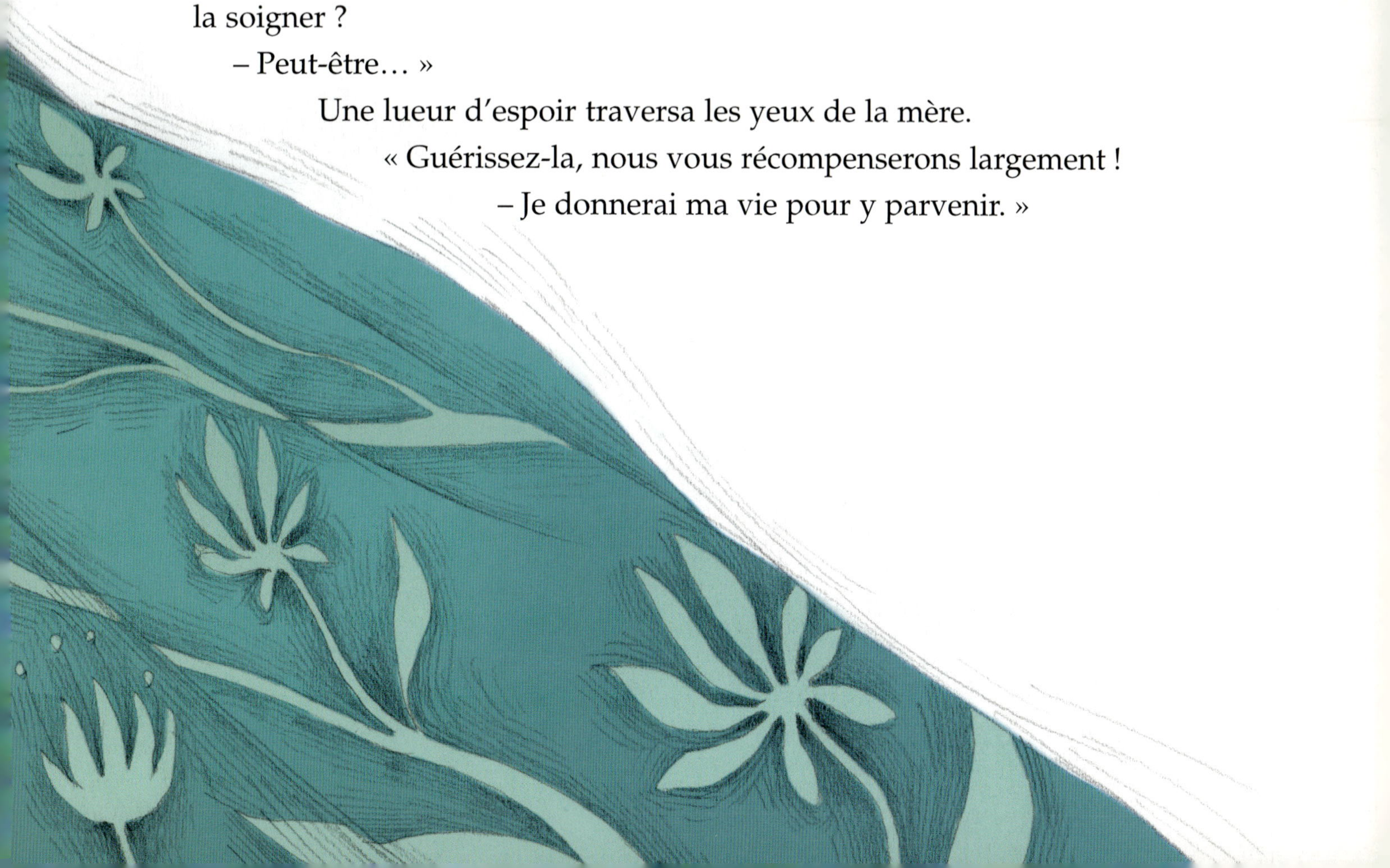

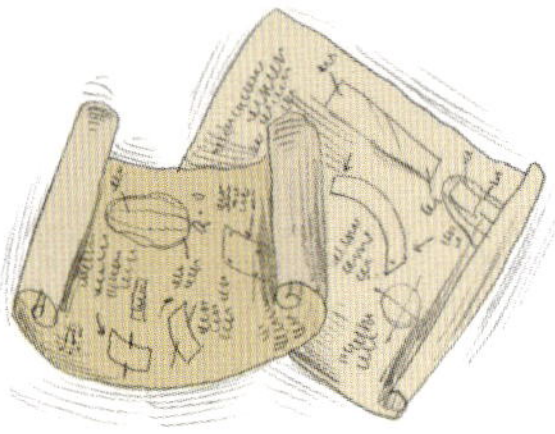

Courbé sur son enclume, le forgeron laissa retomber son marteau. Une chaleur d'enfer régnait dans l'atelier.

« Combien de temps encore ? » demanda Dywn.

L'ouvrier s'épongea le visage.

« L'objet sera terminé dans quelques heures. À quoi vous servira-t-il ?

– J'aime garder mes secrets. Mais respecte soigneusement les plans que je t'ai fournis. La vie de la princesse en dépend.

– À vos ordres, messire.

– Je reviendrai ce soir.

– Tout sera prêt, vous avez ma parole. »

L'objet ressemblait à une énorme poire métallique. Il était creux. Un couvercle basculant permettait d'y pénétrer. Dywn vérifia que les charnières étaient bien huilées.

« C'est parfait, déclara-t-il. Nous partirons à l'aube. »

Le roi assistait aux préparatifs. Il avait retrouvé quelques forces depuis l'arrivée de l'étrange visiteur.

« Où devrons-nous te conduire ? » demanda-t-il.

Dywn ne répondit pas tout de suite. Il entraîna le souverain dehors et chuchota à son oreille :
« Combien de jours faut-il pour atteindre le mont Vararg ?
– Le mont Vararg ! Personne n'acceptera de t'y accompagner. Il est infesté de dr… de drag…
– J'irai donc seul. »
Au soleil levant, lorsque le lourd chariot s'éloigna, tous étaient persuadés que le nain ne reviendrait jamais.

Dywn plaça la poire à la verticale, escalada les parois lisses et enjamba l'étroite ouverture. Le couvercle se rabattit sur lui. Il faisait noir, très noir. Une interminable attente commença.

Combien de temps s'était-il écoulé lorsque l'objet remua ? Des heures, des jours peut-être… Le nain sentit qu'une lourde masse s'était abattue sur sa cachette.
Brutalement balancé de droite à gauche, il se retint de crier. Puis il se sentit arraché du sol. Des ailes pesantes battaient l'air. Dywn volait, toujours enfermé dans son piège de fer.

Il y eut un choc sourd, des cris aigus. L'œuf s'immobilisa. Car l'objet en forme de poire n'était autre chose qu'un œuf. Épuisé, Dywn massa ses bras et ses jambes meurtris. La première partie de son plan s'était déroulée comme prévu. La plus facile… Malgré sa sensation d'étouffement, il se remit à attendre. L'instant favorable n'était pas encore arrivé. Mais une grande fierté se lisait dans ses yeux : tout se passait bien !
L'œuf bougea encore. Dywn entendit des bruits étranges : grattements, grognements, grincements… Puis le remue-ménage s'apaisa. Un ronflement sonore perça les parois de métal. Il était temps d'agir.

La nuit était tombée. Par chance, une lune argentée permettait de se repérer. À sa droite, Dywn aperçut le zigzag de hautes montagnes. Une paroi rocheuse s'élevait à sa gauche. Derrière lui, le vide d'un gouffre profond. Et devant, une silhouette assoupie.
Le nain descendit silencieusement de son perchoir. Ses pieds foulèrent un tapis de branches entremêlées : le nid du dragon !
Tout le monde sait que les dragons aiment dérober les œufs de leurs semblables. Ils les apportent sur leur aire et les couvent, comme si c'était les leurs. Dywn avait également appris qu'ils voient très mal. Le faux œuf avait parfaitement joué son rôle. Il fallait maintenant trouver de quoi soigner la princesse.

Le nain se baissa. Il fouilla les branchages, attentif au moindre bruit.

Toujours endormi, le dragon ronflait et grognait. À quoi rêvait-il ? Le monstre mesurait plus de dix mètres. Plus bleu qu'un ciel d'été, il possédait deux grandes ailes dentelées. Son corps était couvert d'écailles.

Dywn était venu chercher une de ces écailles. Elles tombaient au printemps, lorsque le dragon changeait de peau. Il y en aurait forcément dans le nid.

Mais le dragon ne rêvait pas.

Plongé dans un cauchemar, il poussa une plainte déchirante. Une flamme rouge jaillit de son museau massif. Sa queue fouetta l'air. Elle s'abattit sur l'œuf qui résonna comme une cloche.

Dywn saisit son épée, prêt à défendre sa vie jusqu'au bout. Mais le combat était inégal. Que peut faire un nain contre un dragon ? C'est alors qu'un rayon de lune éclaira ses bottes. L'écaille tant recherchée se trouvait à ses pieds !
Le dragon fixait Dywn de ses yeux myopes. Le nain se baissa avec une extrême lenteur. Il glissa une branche sèche entre ses lèvres et ramassa l'écaille. Son épée se leva. Elle heurta la surface scintillante et produisit une pluie d'étincelles qui embrasèrent le morceau de bois. Une flamme semblait maintenant s'échapper de sa bouche.
Le dragon, qui était une femelle, crut qu'un bébé venait de naître. Rassurée, elle souleva une aile pour accueillir le nouveau-né. Dywn avança vers celle qui se croyait mère. Il se blottit contre le corps tiède. Une énorme langue fourchue le balaya de la tête aux pieds. Quelle importance ? La peur avait disparu.

Dès que le dragon se fut rendormi, Dywn quitta l'abri de son aile. L'écaille tant convoitée était toujours entre ses mains. Le nain traîna l'œuf au bord de la falaise. Il s'y cacha et, se balançant de droite à gauche, le fit basculer dans le vide. L'œuf dévala les pentes, rebondissant de rocher en rocher. Lorsqu'il se retrouva au pied du mont Vararg, Dywn était couvert de bleus jusqu'aux orteils. Mais sa mission était accomplie. Sans perdre une seconde, il rejoignit son chariot et prit la route du château. Comme à l'aller, son voyage dura trois jours.

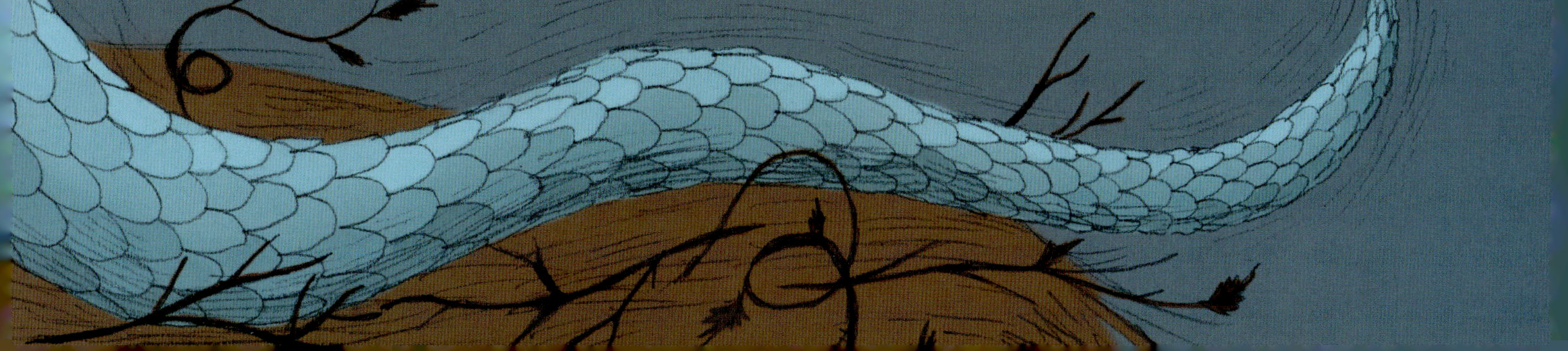

« Me voilà. »
Le garde sursauta en découvrant Dywn :
« Tu es encore en vie !
– Les nains ne craignent pas les dragons. Comment va la princesse ?
– Elle s'affaiblit de jour en jour.
– Conduis-moi auprès d'elle. »
Le roi et la reine avaient laissé éclater leur douleur. Les larmes couvraient leur visage quand ils reçurent Dywn
« Emmenez-moi au chevet d'Eowil. Il est encore temps ! »

La princesse reposait sur son lit. Semblable à un fantôme, elle était presque transparente. Un rayon de soleil la traversait de part en part. Dywn s'agenouilla. De sa voix chantante, il ordonna :

« Rassemble tes dernières forces ! Regarde-toi dans le miroir du dragon. »
Glissant un bras sous la nuque raide, il l'obligea à relever la tête. Deux yeux bleus s'entrouvrirent. Ils se posèrent sur l'écaille et un miracle se produisit. Le visage se dessina sur la surface polie, de plus en plus net. Le corps de la princesse prit du relief. Ses joues se teintèrent de rouge et ses cheveux retrouvèrent leur blondeur. Elle était revenue à la vie.
Le roi étouffa un cri de bonheur.
La reine se précipita au chevet de sa fille. Elle couvrit son visage de baisers humides. Ses larmes avaient maintenant le goût du bonheur.

La princesse avait besoin de repos. Lorsqu'ils se retrouvèrent dans la salle du trône, le roi demanda à Dywn :

« Tu nous as rendu un service immense. Quelle récompense demandes-tu ? »

Le nain hésita. La princesse était belle, plus belle que tout ce qu'il avait imaginé. Mais tellement plus grande que lui !

« Parle ! » ordonna la reine.

Dywn hocha doucement la tête. Il murmura :

« Vous ne pouvez pas encore m'offrir ce que je désire. Je vais m'éloigner pendant quelques mois. À mon retour, Eowil aura entièrement retrouvé la santé. Je formulerai alors ma demande. Votre fille sait peut-être que la valeur d'un homme ne dépend pas de sa taille. Dans ce cas, ma joie sera complète. »

La reine cligna des yeux pour montrer qu'elle avait compris. Sans prononcer une parole, Dywn tourna les talons et quitta le château. Une flamme d'espoir brillait au fond de son cœur.

Olivier Lhote
Xavière Devos

Les enfants de Silenzia

A l'automne, les brumes matinales flottent au-dessus de nos terres jusqu'à ce que le soleil les inonde. En bordure de forêt, les cerfs et les chevreuils dévorent l'herbe grasse et mouillée de rosée. Ils gardent un œil sur le chemin, prêts à bondir si l'homme se montre. Il faut être de mon espèce pour contempler ce spectacle. Nous, les farfadets, on ne chasse pas. Nous ne tuons pas, nous ne torturons personne. Pour toutes ces raisons, les oiseaux chantent à nos oreilles et les loirs nous content les légendes d'autrefois, avant de s'endormir.

Le soir, Moli le loir m'invite en haut de son châtaignier, où un trou lui sert de chambre. Nous nous allongeons sur un matelas de duvet et de brindilles, je ne suis pas plus grand que lui. Ensuite, Moli commence son histoire. Toujours par les mêmes mots :

« Au temps lointain de la magie et des sortilèges, des êtres malfaisants habitaient la terre. On les appelait les humains…

Sais-tu, Djalala, comment est arrivée la première guerre ? Un jour, un homme a dit : "Ce carré de terre est à moi."

Et les autres l'ont cru. Ils étaient ridicules. Ils voulaient tous diriger le monde. Ils se faisaient la guerre pour un bout de terre, au lieu de s'en partager les fruits. Nous, je veux dire les fils de la nature, on était à l'abri de leur cruauté et de leur bêtise. Tes ancêtres, les farfadets, veillaient sur nous. Leur magie tournait la tête des hommes. Elle rendait dingues ceux qui ne voulaient pas revenir à la raison. On aurait pu vivre longtemps en paix à côté des fous. Mais un jour, l'un des nôtres a vendu sa magie aux hommes !

– Dis-moi Moli, ce n'était pas un farfadet quand même ?

– Non, Djalala, c'était un mage, un être supérieur, du nom d'Irrazzao. Mais nous, les fils de la terre, on est un peu responsables. Je te raconte la suite.

Irrazzao ne vivait pas loin d'ici, au-delà du champ des vipères. Il habitait une tour de guet, si haute qu'elle perçait le ciel et les nuages. Personne ne pouvait dire si le toit était rond ou pointu. On ne voyait pas le sommet de la tour. D'en haut, le mage surveillait les soldats et leurs guerres. Irrazzao aimait les hommes. Il nous protégeait d'eux, mais il les empêchait également de se détruire eux-mêmes. Lorsqu'une armée devenait trop menaçante, le mage aux serpents lançait à son encontre les milliers de reptiles. Ils étaient comme des gardiens de la paix. Dans ses plus grandes colères, Irrazzao prenait une allure effrayante. On l'appelait le mage aux deux images.

Un jour, un homme le défia. Il n'est plus de ce monde pour le raconter. Ce mauvais roi, courageux mais inconscient, a payé de sa vie. Lorsque Pheltras le tyran monta la plus grande armée du monde pour mettre nos terres à feu, Irrazzao sentit la rage gonfler ses veines. Sa cape et ses bras tendus se changèrent en une voilure de chair et de sang. Son visage s'allongea dans un râle, qui retentit aux quatre coins du monde pendant deux jours et deux nuits. Des crocs, menaçants et salivants de furie, percèrent ses gencives. Des écailles déchirèrent le dos du mage et une interminable queue lui poussa. Irrazzao le dragon prit son envol. Ses ailes masquèrent le soleil et la nuit s'abattit sur la contrée. Une légion de vipères visqueuses et hargneuses glissèrent entre les herbes hautes jusqu'au campement de Pheltras. Elles s'insinuèrent dans les tentes et sous les lits des soldats. Elles se faufilèrent dans leurs uniformes pour mordre leurs cuisses, leur ventre et même leur visage.

Irrazzao descendit lourdement vers le quartier général du souverain. Ses battements d'ailes, pesants, soulevèrent le sable et les tentes s'envolèrent. Pheltras se dressa, fier, dans son armure étincelante. L'homme et le magicien se sont échangé un regard fixe, plein de haine. Irrazzao hésita à tuer le roi, qui mit un genou à terre, en demandant humblement pardon au mage et aux fils de la nature. Alors le dragon, que la colère abandonnait, s'exprima avec douceur : "Pheltras, tu n'es pas digne d'être roi. Rends ta couronne. Dépose-la, que je la brûle, et retourne vivre dans ta famille. Tu ne commanderas plus jamais aux hommes.
– J'ai compris la valeur de la paix. Laisse-moi me racheter. Je suis souverain, je veux le rester.
– Il est trop tard, Pheltras. Dépose ta couronne."

Alors le monarque, lentement, tristement, fit rouler sa coiffe d'or. Irrazzao gonfla ses poumons et ses naseaux se dilatèrent. Le feu jaillit. Pheltras eut un geste malheureux et se jeta sur la tiare. Le roi des hommes mourut, brûlé, parce qu'il aimait trop le pouvoir.

– Mais à quel moment le sorcier a-t-il livré sa magie ? Et pourquoi ? demandai-je à Moli

– Après cette courte mais sanglante guerre, les farfadets réunirent le grand conseil au cœur de notre forêt. Ils accusèrent le mage de crime.

– Mais, tout de même, il avait sauvé notre monde !

– Oui, bien sûr, mais en défenseur de la paix, il n'aurait jamais dû assassiner Pheltras.

– N'était-ce pas un accident, Moli ?

– Évidemment, si. Mais voilà, Irrazzao aimait une princesse farfadet : Silennzia.

– L'amour n'est pas une faute.

– Tu raisonnes en farfadet, Djalala. L'union de deux êtres aussi puissants qu'une farfadet et un mage pouvait donner naissance à un être surpuissant. L'équilibre de notre monde tient de la répartition des forces. La réunion des magies devait être évitée à tout prix. Le conseil des anciens qui se composait d'une majorité de farfadets, réputés pour leur sagesse, condamna le mage à l'exil. La sanction était immédiate et une poignée de korrigans accompagna Irrazzao à la frontière de nos terres. On dit qu'ils pleurèrent sur le chemin et lui demandèrent même pardon. Le mage tenta bien de contenir sa colère mais il se transforma en dragon, malgré lui. Il s'envola vers les cieux humains.

La princesse Silennzia hurla de douleur et s'opposa au jugement. Elle menaça de se tuer si les anciens ne revenaient pas sur leur décision. La demande fut rejetée. Silennzia, qui avait hérité de la légèreté des papillons, s'envola. Elle quitta le clan en jurant de ne jamais revenir. Elle retrouverait son amour ou mourrait d'épuisement.

Le destin voulut qu'elle parte dans le mauvais sens. Plus ses ailes fragiles battaient le vent pour rattraper son ange de dragon et plus elle s'en éloignait. De fatigue, la princesse perdit connaissance en plein vol. Le plongeon fut terrible mais pas mortel. Le tas de paille qui amortit la chute appartenait à un prêtre solitaire : le père Felnec. Le vieux curé entretenait une chapelle isolée qu'aucun villageois ne fréquentait. En trouvant la belle Silennzia, le prêtre comprit que Dieu ou le diable ne l'avait pas abandonné. Il ne savait que faire de cette merveilleuse fleur ailée, mais il devina vite qu'elle devait rester en vie. Il lui prodigua les meilleurs soins et patienta. Qu'attendait-il ? Il n'en savait rien. Mais il patientait.

À des centaines de kilomètres de la chapelle de Felnec, notre dragon survolait les nuages. Soudain, il ressentit une douleur vive au cœur. Son hurlement déchira le ciel et il opéra un demi-tour immédiat. Irrazzao venait d'entendre les appels de sa princesse. Ses ailes qui claquaient l'air et son flair puissant le conduisirent rapidement à la chapelle. Il se posa sur le toit. Impressionné mais résolu à tirer des avantages, le curé, malin, sortit de la demeure sacrée.

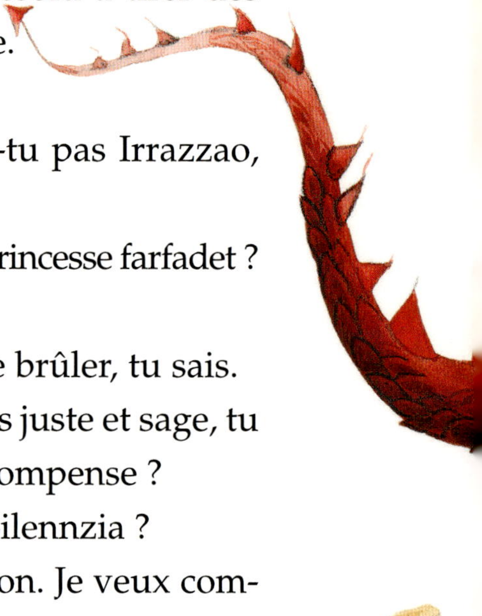

"Sapristi, laissa-t-il échapper, un serpent ailé ! N'es-tu pas Irrazzao, le mage aux deux images ?
– Tu devines bien. À mon tour. N'as-tu pas aperçu une princesse farfadet ?
– Ça se pourrait, hasarda l'abbé.
– Ne joue pas avec mon feu, curé. Tu risquerais de te brûler, tu sais.
– Loin de moi cette idée. Mais toi, qui es juste et sage, tu ne crois pas qu'un service vaut récompense ?
– Que désires-tu en échange de Silennzia ?
– Un peu de ta sorcellerie, dragon. Je veux commander aux serpents, comme toi."

Comme je te l'ai dit, Djalala, les magies réunies sont dangereuses. C'est exactement ce que pensa Irrazzao. Le magicien savait les raisons pour lesquelles les sages l'avaient banni. En offrant sa magie au prêtre, il devenait un mage inoffensif et pouvait dès lors épouser Silennzia. Débarrassé de ses dons, Irrazzao perdit son allure de dragon. Il serra dans ses bras une princesse à la fois heureuse et triste. Elle comprenait le sacrifice de son amour. Elle devinait aussi ce qu'allait devenir la terre des hommes.

– Ils ont vécu ensemble ? questionnai-je encore.
– Oui, mais ils se sont aimés cachés et de leur amour a germé une chose remarquable.
– Ne fais pas de mystère, Moli, dis-moi.
– De leur union est né le silence. Quand le silence s'installe dans les bois, c'est un de leurs enfants qui vole. Dormons maintenant, l'un d'eux va sûrement passer. »

Nicolas Jaillet
Lucie Brunellière

Lönskelund, le lutin nain de la forêt de Bohême

Il y avait autrefois, dans la profonde forêt de Knöll, en Bohême-Moravie, un lutin qui s'appelait Lönskelund. De tous les lutins du monde, Lönskelund était le plus petit.

Il était si petit que, pour les briques de sa maison, il avait employé des dents de guêpes. Trois briques avaient suffi. Avec une boule de laine, qu'un agneau avait laissée sur une épine d'églantier, il avait fait toute sa garde-robe.

De nature solitaire, il s'aventurait chaque jour un peu plus loin dans la forêt. Des obscurs marécages de Krühm, aux remugles sulfureux, jusqu'à la lisière de la vallée de Bergh, où vivent les hommes, sans parler de la clairière aux fées, Lönskelund connaissait sa forêt comme personne.

Ce matin-là, Lönskelund avait décidé de prendre un bain dans le jus d'une baie sauvage. Il grimpait à flanc de colline, vers le val aux Sept-Fougères. Quand il atteignit le sommet, il fut estomaqué.

À la place du vallon qu'il connaissait bien, se tenait une montagne. Si haute qu'elle étendait son ombre jusqu'à la forêt. Si abrupte qu'elle semblait hors d'atteinte.

Lönskelund était stupéfait. D'où venait cette montagne ? Avait-elle surgi toute seule, au milieu de la nuit, sans faire de bruit ?
Le lutin décida d'y grimper. Il atteignit bientôt une corniche à l'entrée d'une grotte. Il s'y arrêta pour reprendre son souffle.
Brusquement, le ciel s'obscurcit. « Un orage ! » songea Lönskelund. Le vent gémit. Une pluie violente se mit à tomber, tandis que le tonnerre grondait :
« Krâ-haaaa-tchâ-hummmmm ! »
La terre tremblait. Lönskelund perdit l'équilibre, et tomba dans une nuit opaque – le séisme, sans doute, avait aveuglé l'entrée de la caverne. Durant un instant, qui lui parut fort long, le lutin rebondit contre les parois, sans plus savoir où étaient ni le haut ni le bas. Il atterrit dans une mélasse nauséabonde qui, heureusement, freina sa course avec un grand « floc ». Puis le silence revint.

Lönskelund resta d'abord immobile, terrorisé, enfoui jusqu'à la taille dans cette étrange boue. Il espérait que ses yeux, en s'habituant à l'obscurité, le préviendrait des dangers – insectes, plantes carnivores, sables mouvants – qui hantaient le fond de cette caverne. Mais rien ne vint. La grotte était hermétiquement close. S'il parvenait jamais à s'extirper de son piège de boue, il avait peu de chances d'en sortir un jour.

Tétanisé à l'idée d'attirer les prédateurs qui grouillaient certainement dans l'ombre, le petit lutin entreprit de tâtonner autour de lui, à la recherche d'une branche ou d'une aspérité à laquelle s'accrocher.
Ses doigts saisirent une sorte de tige. Le lutin tira dessus de toutes ses forces. En se tortillant avec l'énergie du désespoir, il parvint à s'extraire de la boue infecte.
À peine eut-il recouvré sa liberté que la terre trembla à nouveau. Faiblement d'abord, mais la secousse fut assez forte pour envoyer le lutin voltiger de droite à gauche.
Agrippé désespérément à sa branche, le lutin rebondit sur une paroi souple comme la peau d'un tambour. Alors, il y eut une nouvelle secousse. La plus terrible des trois.
« Un volcan, se dit Lönskelund. Cette montagne est un volcan, un volcan en éruption ! »
Ballotté en tous sens, le lutin heurtait régulièrement la paroi du tambour. La terre tremblait chaque fois de plus belle. Puis il y eut un grand choc, et le calme revint.

Lönskelund avait fermé les yeux sous l'emprise de la terreur. Il les rouvrit et s'aperçut avec ravissement que l'entrée de la caverne s'était ouverte à nouveau.
Un rayon de soleil inondait les méandres de la grotte, à travers une forêt de branches. On entendait le chant des oiseaux. Lönskelund s'élança. En retrouvant le grand air, il poussa un cri de victoire.
Puis il dégringola de la montagne, et grimpa au tronc du haut sapin. Arrivé tout en haut, il observa la montagne.
Ce qu'il vit l'effraya tellement qu'il faillit perdre l'équilibre.

Ce qu'il avait pris pour une montagne, ce n'était pas une montagne, mais un géant ! Et pas n'importe quel géant. Grôhom Tazuir, le plus haut géant de la forêt de Knöll, gisait au pied du sapin, allongé sur le dos, le front orné d'une bosse violette.

Le lutin songeait à toute son aventure, et peu à peu, il comprit ce qui s'était passé. La caverne où il était entré, c'était l'oreille du géant… La mélasse collante et mal odorante au fond de cette caverne, c'était… Beurk ! Lönskelund frémit en y pensant.
Le ciel était limpide. Il n'y avait jamais eu d'orage. Le géant avait éternué dans sa main immense, qui un instant avait obscurci les cieux. Puis il s'était couché sur le flanc, bouchant l'entrée de son oreille, et projetant le nain tout au fond. Le tambour que Lönskelund avait heurté, c'était son tympan !
Le géant avait eu si mal qu'il avait remué la tête dans tous les sens. Il avait fini par s'assommer contre le tronc du sapin.

Grôhom portait à la ceinture une bourse de cuir, qui semblait contenir quelque chose de vivant, car elle remuait. Intrigué, le lutin descendit de son perchoir.
Comme il s'approchait de la bourse, il entendit des cris : « Au secours ! Au secours ! Nous sommes les enfants de la bonne ville de Bergh ; le géant nous a enlevés ! »

Lönskelund roula un pétale de rose, et s'en fit un porte-voix :
« Ne vous en faites pas ! cria-t-il. Je vais vous sauver !
– Dieu vous bénisse, répondirent les voix d'enfants ! Mais… qui êtes-vous ?
– Je suis Lönskelund, le plus petit lutin de la forêt ! Je vais vous tirer de là. »
À l'intérieur de la bourse, un silence lugubre s'installa. Les prisonniers avaient perdu toute espérance.
« Le géant Tazuir est le plus fort et le plus cruel de toute la Bohême, comment comptez-vous faire pour le vaincre ?
– Vous allez voir ! » répondit Lönskelund.
Et, sans un mot de plus, il retourna au fond de l'oreille du géant.

Au bout d'une heure, celui-ci se réveilla, en gémissant de douleur. Quand il se mit debout, le lutin s'agrippa aux poils de son oreille, prenant bien garde de ne pas retomber dans la cire collante.
Puis, prenant une toute petite voix, il dit :
« Grôhom Tazuir ! »
Le géant rugit :
« Quelle est cette voix qui me déchire les tympans ?
– Je suis le génie des bois, répondit Lönskelund dans un murmure, l'esprit de la forêt. Tu t'es fort mal conduit envers les gens de la bonne ville de Bergh. Tu vas leur rendre leurs enfants, et plus vite que ça !

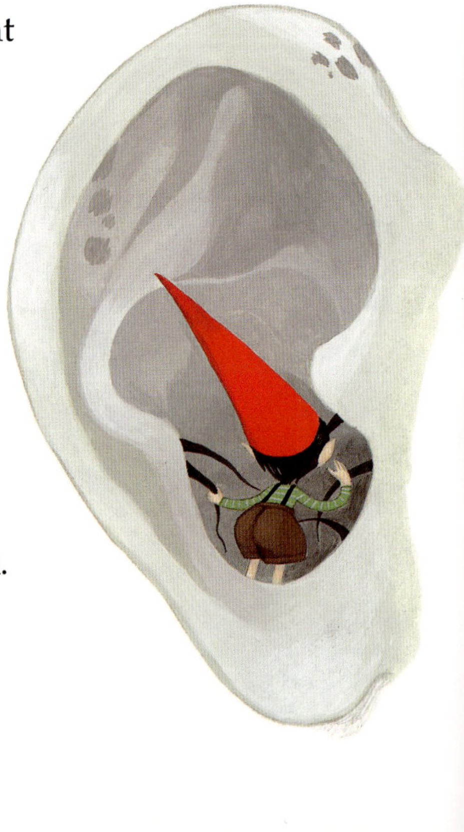

– Je ferai tout ce que vous voudrez, répondit le géant, mais je vous en prie, ne criez pas si fort !
– Avant de partir, tu t'inclineras par trois fois, et par trois fois, tu baiseras le sol, en signe de pénitence.
– Tout de suite, tout de suite ! » gémit le géant.
Et il s'inclina. Quand il toucha le sol pour la troisième fois, Lönskelund bondit hors de sa cachette et s'enfuit. En rentrant chez lui, il se garda bien de raconter cette histoire, car il savait qu'on le traiterait de vantard.

Mais dans la bonne ville de Bergh, on sait bien que c'est lui, le plus petit lutin de toute la Bohême, qui a terrassé le géant Tazuir.

ZÉMANEL
AURÉLIE GUILLEREY

OLAF ET LE TRÉSOR OUBLIÉ

Quand le soleil cède sa place à la lune, les lutins de la forêt se regroupent dans une clairière. Ils allument un feu et forment un grand cercle, assis sur des rondins de bois.
Pour Olaf, le plus jeune d'entre eux, c'est le moment le plus redouté. Non pas qu'il ait peur du noir ou de la lune, mais parce que chacun doit raconter une histoire, quelque chose qui lui est arrivé dans la journée.
Or Olaf, lui, n'a jamais rien à raconter.
Il baisse tristement la tête pour éviter les regards moqueurs et s'endort en rêvant que le lendemain il vivra une aventure extraordinaire.

Un matin, alors qu'il vient de s'engager dans un sentier jamais pris jusque-là, le vent pousse à ses pieds une grande feuille de papier.
C'est une carte au trésor, froissée et un peu déchirée.
« Ça alors ! se dit Olaf. Cette journée va bien commencer. Si je rapporte un trésor pour ce soir, tout le monde sera épaté. »
Il se met en route sans attendre.

Sur la carte, des traits, des flèches, des chiffres, trois dessins avec un titre et une grande croix indiquent le trésor caché.
Après avoir marché, escaladé des rochers, compté ses pas, Olaf arrive devant la colline de l'Arbre aux nœuds. C'est la première étape.
Il s'apprête à passer de l'autre côté quand, soudain, l'arbre agite ses branches comme des cordes, le capture et commence à l'étouffer.
« Personne ne passe, mon garçon ! grogne-t-il. Tu vois tous ces nœuds sur mes branches ? C'est tout ce qui reste de ceux qui ont essayé. »
Olaf se débat, en vain. Ses forces l'abandonnent, et bientôt il sent ses jambes se changer en bois.

C'est alors que l'idée de chatouiller les branches de l'arbre lui vient à l'esprit. Ses doigts courent sur la branche qui l'étouffe et, à son grand soulagement, ça marche ! L'arbre se met à frémir, puis à onduler, et finit par lâcher prise. Ses nœuds se défont les uns après les autres, libérant toutes sortes de créatures fantastiques.
Des oiseaux de feu, des lions ailés et des licornes plus blanches que la neige viennent à Olaf pour le remercier et lui conter leur histoire.
L'arbre lui-même se montre reconnaissant, car en vérité tous ses nœuds, qui le couvraient des racines jusqu'à ses branches les plus hautes, le faisaient souffrir terriblement.

Olaf poursuit son chemin. Après avoir marché, escaladé des rochers, compté ses pas, il arrive devant un grand labyrinthe de pierres gardé par trois elfes musiciens. Le premier tient une cloche de bronze, le deuxième une cloche d'argent et le dernier, le plus grand des trois, une cloche d'or.

« Entre et cherche la sortie, lui disent-ils. Mais attention ! Tu devras la trouver avant que ne sonne la troisième cloche. Sinon, notre musique fera de toi une pierre de plus, qui s'ajoutera à ce labyrinthe. »

Olaf s'engouffre sans hésiter une seconde entre les murs épais et infranchissables du labyrinthe.

Beaucoup de pierres portent des noms, ceux des malheureux qui se sont égarés. Olaf cherche longtemps, en vain. La musique des elfes se fait entendre : la cloche de bronze, puis celle d'argent… Bientôt, la tête d'Olaf devient dure comme la pierre.

C'est alors que lui vient l'idée d'utiliser sa pioche.

Les lutins n'ont pas leur pareil pour creuser des galeries ! Lorsque sonne la cloche d'or, Olaf se trouve déjà à l'extérieur du labyrinthe.

Alors, les pierres de la muraille se séparent les unes des autres et se changent en autant de mages et magiciens. Chacun vient le remercier et lui conte son histoire.

Avec sa tête de pierre et ses jambes de bois, Olaf reprend sa chasse au trésor. D'après la carte, il ne lui reste plus qu'à trouver l'antre du dragon impitoyable.
Il se met à marcher, à escalader... Mais, cette fois, il n'a pas besoin de compter ses pas : les arbres et les buissons calcinés le conduisent droit à la dernière étape de sa quête.

Entouré de petits tas de cendre et recouvert d'écailles d'or, un énorme dragon l'y attend.
« Approche, misérable ! grogne-t-il. Ton cœur va compléter ma collection d'écailles ! »
Le dragon avance sa tête baveuse, dentue et cornue, jusqu'à le toucher. Un seul de ses yeux est plus grand qu'Olaf tout entier.
Rassemblant ce qui lui reste de courage, le lutin clame haut et fort : « Tu ignores qui je suis, espèce de dragon à paillettes ! Ma tête est de pierre, et mes jambes sont de bois. Je possède de grands pouvoirs ! En quoi désires-tu être changé, en statue de pierre ou en simple bûche à brûler ? Tu n'as qu'à le dire. J'exaucerai ton vœu à l'instant. »
Effrayé à l'idée d'affronter un magicien, le dragon prend peur pour la première fois de sa vie et s'enfuit. Ses écailles tombent sur le sol en une pluie de feu et se transforment en chevaliers aux armures étincelantes. D'innombrables princes, rois et guerriers se dressent bientôt devant Olaf.
Une fois de plus, il a droit à leurs remerciements et au récit de leurs aventures.

Olaf s'enfonce alors plus loin dans la sombre grotte. Tout au fond, sur une grande table, il découvre enfin le coffre au trésor.
Il déborde de bijoux et de pierres précieuses. Mais au moment même où le lutin pose la main dessus, il se referme brutalement et une voix retentit : « As-tu le dernier mot ? »
Olaf hésite un instant ; puis il sort sa carte, la retourne et aperçoit un mot à demi effacé, tout en bas de la feuille. Il s'apprête à le lire à voix haute quand, soudain, un vent violent lui arrache la feuille des mains et l'emporte hors de la grotte.
Olaf se lance à sa poursuite. Pendant des heures, il court derrière elle, sans jamais parvenir à l'attraper.

À la nuit tombée, la carte a disparu. Olaf, perdu et épuisé, s'écroule. À genoux, il frappe le sol de ses poings serrés. Il s'en veut de ne pas avoir su lire plus rapidement le mot mystérieux.
Assommé par sa dure journée, il se laisse gagner par le sommeil.
Quand il ouvre les yeux, il aperçoit, à travers les arbres, juste devant lui, la clairière où brille le feu des lutins.
Il se lève... Ses pieds ne sont plus de bois, et sa tête n'est plus en pierre. Il se demande s'il n'a pas rêvé toute cette histoire de trésor.
Il s'approche tristement de la clairière. Mais bientôt sa tristesse se change en une grande joie : ce soir, quand viendra son tour, il pourra raconter une histoire extraordinaire !
Et les jours suivants aussi, car toutes les aventures des créatures, magiciens et chevaliers lui sont restées en mémoire. C'est sans peine et sans regret qu'Olaf oublie le coffre posé sur la grande table. Aujourd'hui, il a gagné bien plus qu'un trésor : il a trouvé sa place dans le grand cercle des lutins.

ALAIN VENISSE
PEGGY NILLE

VINH ET SON DRAGON

Les yeux tournés vers la pleine lune, Vinh étouffait ses sanglots. Derrière lui, le village reposait dans la nuit, avec ses maisons de pierre aux toits de chaume et son unique rue en terre battue. Mais Vinh, lui, ne pouvait trouver le sommeil. Aujourd'hui, il avait laissé échapper Krill, son petit dragon familier. Un animal si fidèle et si câlin, que ses parents lui avaient offert pour ses six ans !

Vinh en avait maintenant neuf, mais ça ne le consolait pas. Le grand Maardock, son père, le chef du village, l'avait puni. Non parce qu'il avait fait une bêtise, ni parce qu'il avait alors lancé des gros mots que je n'oserais pas répéter ici, mais parce qu'il avait versé des larmes. Car en cette époque, si ancienne que personne ne s'en souvient, tout le monde avait le droit de dire des gros mots, même les petits enfants. Mais pas celui de pleurer

Pleurer, c'était être faible. Et être faible, c'était risquer la mort. Surtout dans ce pays primitif, où les seigneurs voisins se livraient souvent des guerres aussi cruelles qu'inutiles. Les autres villages en souffraient, quand les troupes y passaient pour voler la nourriture ou enlever des femmes.

Mais pas celui de Vinh. On le laissait tranquille à cause de son sorcier, qui savait mieux que personne soigner les soldats blessés ou préparer des baumes pour calmer la douleur. Et voilà que Vinh venait de trahir la confiance du groupe. Avoir un dragon à soi, c'était une responsabilité. Petit comme Krill, il rendait des services : tirer une charrue, retourner la terre, allumer de son souffle un feu de bois ou cuire des poteries. Mais à chaque pleine lune, le sorcier devait lui administrer des potions et l'enduire de crème magique, pour l'empêcher de grandir. Maintenant que Krill s'était enfui, il allait devenir énorme, et sûrement dangereux.

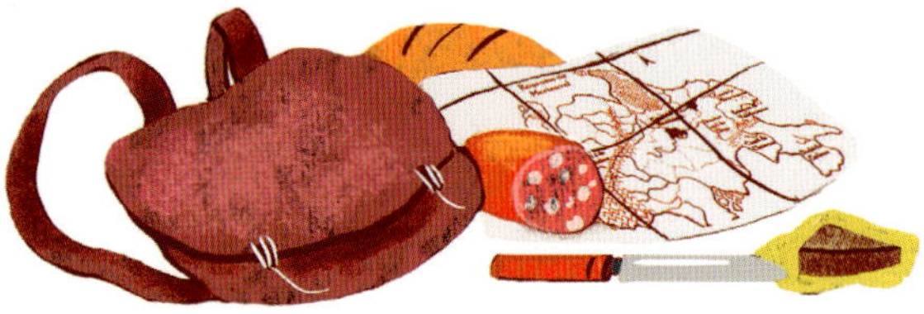

Peut-être même faudrait-il organiser une expédition pour le tuer.
Non, c'était décidé : Vinh avait commis une faute, il allait la réparer. Le temps de récupérer quelques affaires, il prendrait en secret la route de l'Ouest. Dans la direction où, ce midi, il avait vu Krill s'envoler, de ses ailes pareilles à celles des chauves-souris. Et ensuite ?
Ensuite… Eh bien on verrait !

Sur la pointe des pieds, Vinh ressortit de sa maison. La plus imposante du village, comme il convient à celle d'un chef. Sans le moindre bruit, il avait rassemblé un peu de nourriture, un couteau, une carte de la région et quelques outils qu'il avait ensuite fourrés dans un sac à dos en peau de chèvre. Le tout sans réveiller ses parents. Un coup d'œil à droite, un coup d'œil à gauche… La rue était déserte ! Du moins il le croyait. Car quelque chose bougea soudain dans l'ombre. Une main maigre aux doigts crochus se referma sur son poignet. Vinh retint un cri, et pivota. À moins d'un mètre, deux yeux le fixaient. Deux yeux perçants, dans la masse sombre d'un visage allongé, encadré de longs cheveux blancs. Avec un soupir, il reconnut Ker-Lann, le sorcier du village.
« N'aie pas peur, chuchota le vieil homme, je suis de ton côté. Je comprends ce que tu veux tenter, et je l'approuve.
– Vous n'allez pas me trahir, alors ? s'inquiéta Vinh.
– Je n'en ai aucune intention. Mais tu ne partiras pas sans emporter… ceci ! »
Relâchant sa prise, la main du sorcier tira de sa large robe un objet bizarre. C'était un gros cristal mauve qui étincelait dans la nuit, comme si une petite flamme brûlait à l'intérieur.
« Ce talisman te protégera contre les mauvais sorts, expliqua-t-il. Il te défendra en cas de besoin.
– D'accord, mais comment ça marche ? »
Le vieux magicien laissa échapper un gloussement amusé.

« Tu le sauras en temps voulu, mon jeune ami… Tu le sauras ! »
Deux heures plus tard, ces mots tournaient encore dans la tête de Vinh. Depuis longtemps il avait perdu de vue le village. La fatigue, le froid, la faim auraient dû le ralentir. Pourtant jamais il ne s'était senti aussi bien. Était-ce dû à cet étrange cristal dont la douce chaleur réchauffait le fond de son sac ?
Vinh continua ainsi jusqu'aux premières lueurs de l'aube. Sans s'arrêter, il venait d'engloutir une portion de fromage avec un gros morceau de pain, quand il s'immobilisa. Un peu plus loin sur la route, deux hommes ronflaient, adossés contre un gros arbre.

Leurs cuirasses, les larges épées posées près d'eux : pas de doute, c'étaient des soldats. Comme Vinh se remettait en marche sur la pointe des pieds, le plus grand se dressa, l'arme déjà en main :
« Halte là, gamin ! Où vas-tu comme ça, et qu'est-ce que tu transportes ? »
Tiré en avant, Vinh se sentit délesté de son sac. Tout de suite le militaire repéra le cristal et s'en empara.
« C'est à moi ! » protesta Vinh en se pendant à son bras.
Entre leurs mains, la pierre se mit soudain à flamboyer. Le garçon ne ressentit aucune chaleur, mais l'autre poussa un cri, comme sous l'effet d'une brûlure... Puis un éclair, jailli du cristal, le projeta en arrière. Incroyable ! Sous l'effet du rayon, son épée, son armure, et même son uniforme tombaient en poussière !
Que reste-t-il d'un grand guerrier, quand il se retrouve tout nu et sans arme ? Pas grand-chose ! Celui-là, rouge de honte et de colère, se jeta sur Vinh. Fatale erreur : trompé par une feinte, il perdit l'équilibre et dévala sur les cailloux, pour s'arrêter en hurlant, les fesses dans un gros bouquet de cactus. Son compagnon, réveillé à son tour, avait assisté à la scène, sans grande envie de se battre.
« Pas la peine de nous énerver, implora-t-il. Ta magie a vaincu mon chef. S'il te plaît... ne la lance pas contre moi !
– D'accord, admit Vinh. Si tu réponds à ma question : as-tu vu passer un petit dragon, depuis hier ? »

Soulagé, l'autre hocha la tête :
« On en a vu un, oui. C'était juste avant le lever du soleil… Mais il n'était pas si petit. Trois à quatre mètres, au moins ! Et il volait par là, en direction des montagnes. »

« Trois à quatre mètres, au moins ! » Vinh y pensait toujours, en chemin. Était-il possible que son gentil Krill ait grandi aussi vite ? Les kilomètres succédaient aux kilomètres, les heures succédaient aux heures. Sans l'aide du précieux cristal, jamais le jeune aventurier n'aurait pu tenir un tel rythme. Il marcha ainsi une grande partie du jour, avant de s'asseoir sur un rocher pour consommer le reste de ses provisions.
« Ne mange pas tout ! supplia une petite voix. Laisse-moi au moins quelques miettes… J'ai si faim ! »
Regardant autour de lui, Vinh finit par distinguer une minuscule cage en bois, cachée dans un buisson voisin. Dedans s'agitait la forme d'une femme en miniature, avec des ailes dans le dos. Une elféine… c'était une elféine ! Vinh en avait entendu parler, sans jamais en voir. En peu de mots, celle-ci lui expliqua comment un ogre des roches l'avait capturée et enfermée dans cette cage, où elle devait rester sans manger et sans boire tant qu'elle n'acceptait pas de l'épouser.
Heureusement, sa prison ne semblait pas bien solide. Vinh en brisa la porte sans effort, quand un rugissement terrible retentit derrière lui, mêlé à un bruit d'éboulement. Un pan de montagne venait de se détacher. Comme animés de vie, les débris se rassemblèrent pour former une haute silhouette avec deux bras, deux jambes et une tête hideuse à l'expression méchante.
Le fameux ogre des roches ! En un clin d'œil, le cristal magique jaillit dans la main de Vinh. Hélas, cette fois, rien ne se produisit.
« Ça n'agit pas aussi facilement sur un monstre de cette taille, lui lança l'elféine de sa voix pointue. Attends, je vais t'aider en te prêtant mes forces. »

Ce disant, elle sauta au cou de son jeune allié, puis colla sa joue contre la sienne. Aussitôt Vinh sentit un flot d'énergie nouvelle l'envahir. Miracle ! Le rayon aveuglant jaillit et balaya son adversaire, dont le corps se dispersa en mille morceaux. L'elféine battit des mains.

« Tu m'as sauvée, mon ami ! Pour te remercier, fais un vœu, je l'exaucerai. »

Vinh aurait pu demander la richesse. Ou bien la gloire, ou encore l'immortalité. Mais un seul désir occupait son esprit :

« J'avais un petit dragon domestique du nom de Krill, mais il m'a échappé. Tu ne l'aurais pas vu passer, par hasard ?

– Bien sûr, que je l'ai vu. Il filait droit vers ces deux pics élevés, perchés sur l'horizon. Là-bas se trouve le pays des dragons, où il espère retrouver son père et sa mère. Toi qui es plutôt gentil, pour un humain, as-tu pensé que le bébé dragon qu'on t'a offert avait des parents, lui aussi ? Des parents qui lui manquent ? Voilà pourquoi il s'est enfui. Qu'aurais-tu fait, à sa place ? »

Vinh baissa la tête. Jamais il n'avait vu les choses sous cet angle. Mais pas question de revenir en arrière, maintenant. La jolie elféine et lui se firent de touchants adieux, et il reprit sa route dans la direction indiquée.

L'horizon, c'est souvent plus loin qu'on ne croit. Surtout avec des jambes lourdes et un ventre vide. Les provisions de Vinh étaient épuisées, même l'action du cristal n'arrivait plus à lui rendre ses forces. Pourtant il dut marcher deux jours encore avant de toucher enfin au but, après une dernière escalade : le pied des deux pics pointus !

Là s'ouvrait une immense caverne, à l'aspect peu rassurant. Malgré tout son courage, Vinh hésitait encore à s'y engager, lorsqu'une ombre immense s'étendit sur lui. Un vent de tempête le plaqua contre la roche et un vacarme assourdissant emplit ses oreilles : le battement d'ailes géantes, juste derrière lui. Un dragon venait de se poser à moins de dix mètres. Et pas un petit, comme ceux du village. Non, un vrai, d'une taille monstrueuse, qui le fixait de ses yeux aussi rouges que de la braise ! Carapace d'écailles, pattes griffues, dos garni de pointes… Lentement sa gueule s'ouvrit, dans une odeur de soufre. La bête allait cracher sa flamme. Et le cristal qui refusait de briller, sans doute vidé de son pouvoir !

Vinh ferma les yeux, certain de vivre ses derniers instants… Puis les rouvrit, ébahi. Un second dragon, sorti de la caverne, venait de se placer devant lui, le protégeant de son corps. Pas si énorme que le premier, pas si puissant. Mais lui ressemblant comme deux gouttes d'eau.

KRILL ! C'était Krill, malgré sa taille presque adulte ! Krill qu'il avait nourri et aimé durant des années, Krill qui arrivait juste à temps pour lui sauver la vie. Un long moment, les deux animaux géants se firent face. Enfin le plus âgé se détourna avec lenteur et s'éloigna de son pas pesant.

C'est ainsi que Vinh fut admis chez les dragons, où il séjourna plusieurs jours afin de mieux les comprendre. En fait, Krill était le fils du mâle dominant, comme Vinh était le fils du grand Maardock. Malgré leurs races différentes était née entre eux une amitié qui les lierait pour toujours. Car ces créatures d'allure si terrifiante ne demandaient qu'une chose : qu'on les laisse tranquilles. Que les humains cessent de les traiter en esclaves, ou en ennemis. Et quand vint le moment de la séparation, pas question de ramener Krill. Il avait trop changé, sa place n'était plus parmi les hommes.
Comme à l'époque on n'avait pas le droit de pleurer, Vinh se soulagea en lançant plein de gros mots durant une heure entière. Ensuite, la légende raconte qu'il rentra dans son village, où il grandit en force et en sagesse. Plus tard il remplaça son père, tandis que Krill devint à son tour le chef des dragons. On ajoute qu'aussi longtemps que ces deux-là vécurent, il n'y eut plus jamais de guerre entre les deux espèces.
Cela se passait il y a bien longtemps. Maintenant les choses ont changé. Quand des parents veulent faire plaisir à leurs enfants, ils leur offrent un chien, ou un chat. Ou un hamster, ou un lapin. Ou une tortue, ou un poisson rouge. Mais pas de dragon ! Pour la bonne raison que les dragons ont disparu depuis des millénaires. L'amitié, elle, est restée. Ah, autre chose, qui a son importance : aujourd'hui, les enfants ont le droit de pleurer…
Mais plus celui de dire des gros mots !

MARIE-FLORENCE EHRET
ELENE USDIN

LE GRAND PAYS

La nuit se glissait entre les branches. Elle se couchait sous les arbres. Elle envahissait peu à peu tout l'espace, ne laissant au jour qu'une bande lointaine qui allait s'amincissant.
Assise en amazone sur sa licorne, Émeline pressa les flancs blancs du doux animal. Dès que disparaîtrait cette fine ligne rose, les trolls sauvages qui les guettaient depuis le matin se jetteraient sur elles. Il fallait atteindre la plaine avant que la nuit libère les trolls de leur gangue de pierre.
La licorne accéléra son allure, comme si elle comprenait l'inquiétude de sa cavalière. Elle allait d'un long pas souple à travers la forêt, écartant de sa corne unique les branches qui l'empêchaient d'avancer. Une légère sueur de fatigue perlait sur les flancs de l'animal fabuleux. Entre les arbres, la nuit s'épaississait. Émeline entendait, ou croyait entendre, les lourds trolls de pierre s'animer. Enfin, alors que la première étoile s'allumait dans le ciel, la licorne franchit la frontière au-delà de laquelle les trolls ne pouvaient se mouvoir. Elles étaient sauvées.
Devant elles, une longue plaine plate s'étendait jusqu'au bord du ciel. Épuisée, la belle bête marcha encore longtemps. Il n'y avait pas le moindre rayon de lune pour éclairer la plaine tout entière plongée dans le noir. Elle s'arrêta. Frissonnant de larmes et de fatigue, Émeline glissa à terre, se blottit contre sa chère licorne et s'endormit.

Elle n'était encore qu'un minuscule petit monstre dont personne ne voulait, avec sa queue de serpent, ses bras humains et sa chevelure trop longue, quand la Vieille l'avait trouvée et l'avait prise sous sa protection.

Quelques années plus tard, elle lui avait offert la belle licorne blanche sur laquelle l'enfant pouvait aller ici et là, dissimulant sa queue couverte de fines écailles nacrées sous une ample robe.

Émeline grandissait, mais elle n'avait pas d'amies. Personne n'osait approcher la «sorcière», comme disaient les villageois.
Un jour, la Vieille lui avait dit : « Tu es grande maintenant. Il est temps que tu t'en ailles. Mais attention ! Dans la forêt vivent les trolls. Tant que demeure un éclat de jour, ils sont immobiles, figés comme des statues. Mais dès que s'éteint la dernière lueur du crépuscule, ils secouent leur corset minéral et dévorent tous les êtres vivants qui passent à leur portée. De l'autre côté de la forêt, tout au bout de la plaine, vivent tes sœurs. Tu dois aller les retrouver. La licorne veillera sur toi, mais surtout ne dors pas avant d'avoir quitté la forêt ! »
Émeline ne voulait pas abandonner celle qu'elle considérait comme sa grand-mère.
« Mon heure est venue, et aussi la tienne. Va, et ne traîne pas », répéta la Vieille.

Émeline pleura, pleura, et puis elle partit.
Ses larmes tombaient tout le long du chemin alors de petites graines endormies depuis longtemps se réveillèrent sous cette douce pluie, traçant derrière elle un chemin de fleurs.

À son réveil, elle découvrit, enchantée, les fleurettes qui avaient poussé dans la nuit autour d'elles deux, sans se douter que ses larmes en étaient la cause. Elle remonta sur sa chère licorne.
Le soleil amorçait sa descente quand elle arriva enfin au bout de la plaine.
Émeline n'avait jamais vu la mer.
Émerveillée, elle demeura face au miroitement lumineux des eaux dansantes, jusqu'à ce que surgissent d'entre les flots les corps gracieux de ses sœurs les sirènes qui l'entraînèrent dans leur palais sousmarin, laissant sa monture se reposer sur le rivage.

Manimesh était le meilleur cavalier et le meilleur chasseur du village. Le plus respectueux aussi. Jamais il ne tuait une femelle enceinte ou accompagnée de ses petits. Jamais il ne décimait un troupeau. Quand il revenait, un cerf ou un sanglier en travers de la selle, c'était la fête au village. Tout le monde se retrouvait autour de joyeux feux de bois d'où montait l'exquis parfum des viandes grillées.
Un jour que le besoin de viande et de fête se faisait sentir, il prit son fusil et partit de bon matin. Il faillit écraser la première fleur cachée à l'ombre d'un arbre, mais son œil exercé la devina, et il retint juste à

temps le sabot de son cheval. Jamais il n'avait vu une fleur si belle, si discrète, si parfumée, si simple, si parfaite ! Il en aperçut bientôt une autre, et une autre encore. Oubliant même de chasser, il suivit pas à pas le fin pointillé de fleurs. Il sortit de la forêt sans s'en rendre compte et se retrouva soudain dans la vaste plaine où jamais aucun homme du village n'avait osé s'aventurer.

Cette plaine, disait-on, se perdait sous la mer, où vivent des créatures mystérieuses et terribles. Leurs chants charment les âmes et entraînent ceux qui les écoutent jusqu'au fond de l'eau où ils deviennent semblables à des grandes algues.

Un soleil ardent brûlait la terre, mais les petites fleurs n'en poursuivaient pas moins leur chemin. D'un blanc nacré à peine rosé, comme un ciel d'aube, elles semblaient courir vers un but encore invisible.

Sans hésiter Manimesh s'élança derrière elles. Il galopa longtemps. Là où Émeline avait dormi, c'était tout un tapis qui avaient poussé. Le jeune homme descendit de son cheval pour observer les petites fleurs, elles étaient si belles et si délicates qu'il n'osa pas en cueillir une seule. Le chemin continuait, il menait vers l'horizon. Sans se décourager, Manimesh remonta sur son cheval et repartit. Enfin il lui sembla apercevoir au loin une ligne blanche. Elle flottait et s'élargissait sans qu'il parvînt à en distinguer les contours.

Au fur et à mesure qu'il en approchait, elle se fondait dans l'air, si chaud qu'il en tremblait. Elle avait disparu. Le chemin de fleurs n'allait pas plus loin. La plaine venait mourir là. Au bord de l'eau.

Manimesh n'avait jamais vu la mer.
Il sentait la chaleur de son cheval contre ses cuisses, et cette chaleur le rassurait un peu face à cette immensité liquide, mouvante, lumineuse, mousseuse, qui ne cessait de s'agiter. Des rochers noirs émergeaient de l'écrin vert et bleu des flots. Le soleil avait amorcé sa descente, et l'air fraîchit.
Un chant mélodieux s'éleva dans l'air. Un chant si léger que le jeune homme crut d'abord avoir rêvé. Puis il paniqua : ainsi, la légende était vraie. Quel imprudent il avait été ! Il devait retourner au village, vite. Mais il restait sans forces dans la douceur du soir. De toute façon, il était trop tard pour rentrer. Dans la forêt, les trolls allaient bientôt s'éveiller et chercher une proie.
Le cheval fit un pas vers la mer. Ses sabots s'enfonçaient dans le sable, l'eau lui caressait les jarrets, les genoux… Elle n'était plus verte ni bleue, mais rose, orange, rouge. Le soleil en s'y noyant l'avait incendiée. Elle touchait maintenant les pieds du cavalier, ses chevilles.
Manimesh n'avait jamais rien entendu, jamais rien vu d'aussi beau. À présent, l'eau atteignait la poitrine du cheval et il avançait toujours. Il allait se noyer. Dans un violent effort, le jeune homme tira sur les rênes. Le cheval sembla se réveiller. Il se cabra et recula de deux mètres.
Maintenant, Manimesh tenait ferme l'animal. Il le fit encore reculer d'un pas, et d'un autre.
L'eau pâlissait, perdait ses couleurs sanglantes. Une première étoile s'alluma dans le ciel pourtant clair. Un fin croissant de lune se découpait sur le manteau sombre du firmament. Manimesh se retourna. La plaine était nue. Rien que du sable, dur et ondulé, des bouquets d'épineux çà et là, quelques rochers à ras de sol. Les petites fleurs qui l'avaient guidé jusqu'ici avaient disparu dans l'ombre. Comment trouverait-il le chemin du retour dans cette plaine immense sans leur aide ?

Il n'y avait pas un brin d'herbe, pas une goutte d'eau, rien. Manimesh s'en inquiéta, plus soucieux de son cheval que de lui-même. Il leur faudrait pourtant passer la nuit ici. Il se laissa glisser sur le sol, dessella la bête fatiguée, se coucha, la tête sur la selle. Il s'endormit et plongea dans un rêve merveilleux. Une jeune fille montée sur une licorne apportait un seau d'eau fraîche et quelques poignées d'avoine à son fidèle compagnon. Ses longs cheveux sombres coulaient sur sa robe blanche qui se confondait avec la robe de la licorne. La belle et la bête ne semblaient faire qu'un seul être. Lui-même n'était plus couché au sol, il était remonté sur son cheval, les jambes soudées à ses flancs. Tandis que l'animal buvait à grands traits, l'homme se sentait désaltéré.

Alors, le chœur des sirènes apparut à ses yeux.

« Heureux celui qui sait résister à notre chant ! disaient-elles. Heureuse celle qu'il aime. »

Le jour était levé, mais Manimesh ne se réveillait pas de son rêve merveilleux. Il savait que désormais, il ne pourrait plus jamais se

séparer de son cheval. Il était devenu
un Centaure. Émeline se tenait à ses côtés. Sa queue
de poisson avait disparu. Elle était devenue une femme-licorne.
Le chant résonnait toujours, proche et lointain, étrangement familier.
« Tu as vécu trop longtemps loin de la mer, petite Émeline. Tu n'es plus une vraie sirène, mais sois sans crainte. Tu sauras toujours semer l'amour. Allez tous les deux. Avant que la nuit revienne, vous serez au Grand Pays, là où hommes et bêtes ne sont plus séparés. Allez ! »
Une grande mouette blanche passa au-dessus de leur tête, qui leur montrait le chemin. C'était l'âme de la Vieille.

TABLE